AF248427

Paul LETCHY

LA FRANCE EXOTIQUE

LOINTAINES GARNISONS

PRIX :

1 FRANC 50

SOUVENIRS

IMPRESSIONS

FAITS DE GUERRE

NANCY

A. CRÉPIN-LEBLOND, IMPRIMEUR-ÉDITEUR

21, Rue Saint-Dizier, 21

1905

SOMMAIRE

LA FRANCE EXOTIQUE

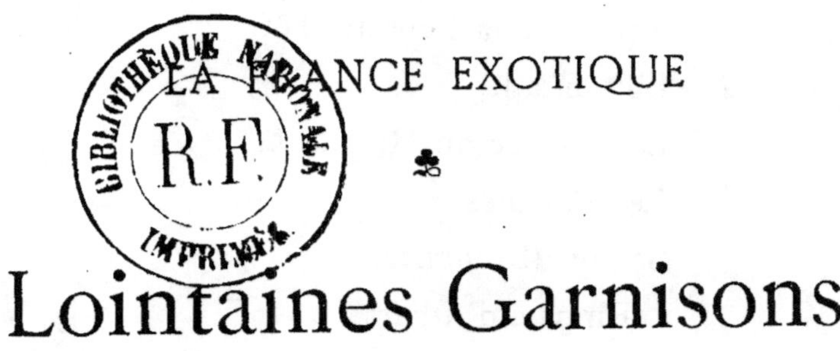

Lointaines Garnisons

SOUVENIRS, IMPRESSIONS & FAITS DE GUERRE

Paul LETCHY

♣

LA FRANCE EXOTIQUE

♣

Lointaines Garnisons

SOUVENIRS, IMPRESSIONS & FAITS DE GUERRE

♣

PRIX : 1 Franc 50

♣

Tous droits réservés

———————— ⋈ ————————

NANCY

A. CRÉPIN-LEBLOND, IMPRIMEUR-ÉDITEUR

21, Rue St-Dizier (Passage du Casino).

1904

A la Mémoire de Paul Bonnetain.

Dans la cour du quartier des coups de marteau résonnent; des soldats de la section hors-rangs ouvrent, à grand fracas, des pièces d'Une, dernier envoi de l'Indo-Chine.

Le régiment est parti à l'exercice et nos fricoteurs accompagnent leur travail de joyeux refrains. On croirait assister au labeur du vigneron girondin préparant ses futailles pour la prochaine vendange.

Mais des flancs de ces tonneaux ce n'est pas le fin bouquet du Médoc qui s'exhale. Hélas! C'est une odeur de soufre et de renfermé qui fait songer aux cales ténébreuses des paquebots. On en retire des quantités de ballots crasseux que les soldats forment en tas sur le sol caillouteux.

Un gratte-papier lit un inventaire et les ballots étiquetés sont ouverts. Il s'en échappe des choses innommables, de vieux clairons bosselés, des petits bidons écrasés, des œufs d'autruche, des étuis-musettes en lambeaux portant de larges taches de sang mal lavées, des havresacs gonflés de bibelots destinés à la payse, de vieux pantalons, des bretelles de fusil, des casques salis et déformés..., etc... Dans presque chaque sac on retrouve le traditionnel cahier de chansons où le soldat note ses impressions de guerre et d'amour entre le « Père la Victoire » et les « Petits pieds de Mlle Hélène ».

Tout cela a appartenu à des soldats du régiment morts en colonne, dans les ambulances ou les hôpitaux des colonies.

La caserne vide, qui les a tous vus venir ces soldats, avec ses grandes fenêtres ouvertes comme des yeux, contemple ce lamentable déballage. Le grand écusson de bois qui orne la bande du premier étage fait ruisseler au soleil l'or et l'acier de ses armes en trophée autour de la vieille ancre de marine si chère aux marsouins.

J'ai ramassé çà et là quelques cahiers avec la pensée de les transcrire un jour afin que ces braves gens ne soient pas tout à fait oubliés. Et puis ces impressions posthumes sont autant de testaments par lesquels nous sont transmises des traditions de vaillance.

Et je me suis attardé au milieu de ces débris, il ne fallut pas moins que le vacarme des bataillons rentrant de la manœuvre, clairons en tête, pour m'arracher à mes recherches.

Tandis que la musique s'arrêtait devant le grand escalier, la première compagnie vint se former en colonne à l'endroit même du déballage et les hommes piétinèrent toutes ces vieilleries, le cheval du capitaine buta et l'officier s'en prenant aux fricoteurs leur cria : « enlevez-moi donc vos saletés, tas de Cosaques, ou je vous fiche au clou ! »

Les saletés restèrent éparses sur le sol car le régiment rassemblé faisait du maniement d'armes avant de rompre, et, quand les trois mille baïonnettes du 1er de Marine resplendirent au soleil couchant, il me sembla qu'elles rendaient les honneurs militaires aux dépouilles des soldats morts dans les « *lointaines garnisons* ».

N'Diago, 1887.

La Chevauchée du Marabout.

Vous voyez cette plaine sans fin, ondulée comme la mer qui mugit sur ses bords. Le soleil implacable y poudroie, illuminant les sables qui s'allongent en un immense tapis chatoyant.

C'est le désert du Sahara !

De Saint-Louis à Portendick la côte, aux dunes mouvantes, s'allie avec le flux pour former une épouvantable mâchoire qui aspire et broie les navires imprudents. Sa voracité satisfaite elle garde aux commissures de sa gueule maudite des vestiges affreux, des carcasses décharnées de vieux bateaux dont les mats se dressent à marée basse.

Du banc d'Arguin à Mogador est écrite l'histoire des naufrages célèbres y compris celui de la « Méduse ».

Sur cette plage désolée, jour et nuit, défilent des caravanes de chameaux et de bourricots conduites par des Maures Trarzas, au visage bronzé, aux cheveux hérissés. Ils vont d'un pas égal drapés dans des pagnes de guinée grossière.

Qu'un navire vienne à la côte, de ce désert qui semble inhabité vous verrez surgir cette race cruelle se ruant à la curée, ainsi qu'une meute, toutefois s'ils n'opposent pas trop de résistance, les marins auront la vie sauve et, à dos de chameau, seront conduits à St-Louis pour y être rendus contre une indemnité.

Quand on quitte la plage où grondent d'éternels brisants, pour aller vers l'Est, nul chemin ne s'offre au voyageur. Pourtant dans cette mer de sable il y a quelques taches vertes et rarement un peu d'eau dans des dépressions appelées marigots. Parfois un coco-tier balance ses feuilles roussies au bout de son tronc long et nu. Là vivent des sangliers, des chèvres, des biches, toutes les espèces de serpents, la panthère noire, le chat tigre, l'hyène, le chacal et le lion roi de ces solitudes.

Dans l'athmosphère flamboyante voltigent le merle métallique, le colibri, le geai, le foliotocole aux ailes d'or, la perdrix, la sarcelle et le vautour chauve.

L'entomologiste y trouve réunie la famille des insec-tes depuis le scorpion et le criquet jusqu'à l'imper-ceptible chique qui pénètre et perfore la peau humaine.

C'est la patrie des Maures, jadis puissants maîtres de l'Espagne, Trarzas, Baknas, Touaregs y vivent en nomades plantant leurs tentes un peu partout.

Le croissant de Mahomet y plane toujours et si nos libéralités ont gagné quelques chefs à notre cause, il reste avéré que les grigris musulmans sont encore ici le meilleur passe-port.

La Mecque, d'où rayonne l'ombre du prophète, exerce toujours sa prestigieuse attraction sur ces tribus éparses qui ne connaissent que trois classes dans leur société, les marabouts, les guerriers et les captifs.

Un matin je quittai les dunes, où s'élève le dernier poste français sur les confins du désert et traversant les lougans je me trouvai dans la grande plaine. Non loin de moi une douzaine de nègres du village assis par six, dos à dos, creusaient avec leurs mains un trou dans le sable. Ils chantaient une complainte mélancolique et je vis près d'eux un corps rigide entouré de bandelettes de toile blanche. C'était un enterrement. Le trou à peine profond d'un demi mètre ils y couchèrent le cadavre avec mille précautions et dessus ils jetèrent le sable à poignées jusqu'à ce qu'il fut recouvert. Alors un homme plaça sur la tête du mort la calebasse dans laquelle le défunt avait mangé son dernier couscous. La sépulture fut complétée par quelques lianes rampantes péniblement arrachées au sol brûlant, puis une brique rouge portant quelques signes arabes fut déposée sur le milieu. Cela fait ils partirent et je me dis que les chacals n'auraient pas grand mal la nuit suivante pour trouver cette proie.

Je continuai ma promenade matinale rencontrant tantôt un squelette de chameau aux os blanchis, tantôt quelqu'antique vertèbre d'un animal antédiluvien.

Arrivé sur une dune plus élevée j'aperçus dans le lointain un nuage de poussière dans lequel brillaient des éclairs. Le blanc éclatant des burnous, le rouge vif des chéchias, l'acier des armes lancées dans l'air, le reflet des yatagans se mêlaient aux flocons des poudres brûlées. Les chevaux écumants passaient comme des flèches. De hardis cavaliers se laissaient choir de leurs selles et, suspendus par un pied, déchargeaient au ras du sol leurs fusils damasquinés. Les juments arabes aux longs crins, à la bouche saignante se cabraient, hennissaient, soufflaient avec force par leurs naseaux dilatés.

Derrière la fantasia, majestueusement assis sur un haut chameau blanc, parut le marabout impassible. Sur d'autres chameaux suivaient des femmes au visage voilé qui semblaient garder de mystérieux secrets.

Puis venait la caravane très longue comme un immense serpent dont la queue disparaissait dans les dunes.

Tout ce monde défila près de moi pour gagner les premières cases du village où bientôt des tentes bariolées furent dressées tandis que les grillots accouraient avec leurs longs violons et leurs tambours grossiers. Nègres et négresses frappant des mains en cadence se prosternaient devant l'ami du Prophète.

En rentrant au poste je vis l'idéale Fatou, la fille du vieux Diam, qui revenait de la fontaine portant sur sa tête une lourde calebasse.

Bonjour Tou bab, fit-elle !

Bonjour Fatou ! tu ne fais pas Salam ?

Dé det fut sa réponse et cette Vénus noire disparut dans sa case, indifférente et gracieuse.

Fatou incarnait, à cette heure, l'âme de l'Afrique

hésitante et timide entre ses rites séculaires et notre civilisation.

Le clairon lança les notes joyeuses de la soupe et je me hâtai de rejoindre les camarades, puis nous fîmes ce repas au son du tam tam et des chansons sénégalaises dont la plus populaire disait la mort de Samba Laoubé, roi du Cayor.

Samba Laoubé faoü.
Boursaïna !
Boursaïna !

Janvier 1896.

Une Nuit à Tananarive.

I

Dans la pâle clarté de la nuit qui commence,
Le palais de Rhadam évoque sa puissance
Flanqué de quatre tours dans l'air silencieux,
Sur l'Emyrne qui dort il plane audacieux.
Drapé dans son lamba d'une façon romaine
Un soldat hova veille au repos de la reine.
Là-bas, dans la campagne, éveillé chaque soir,
Rainilairivony songe, éperdu, sans espoir ;
Et tandis qu'en regrets ce dernier se consume
Dans le collège anglais un feu brille et s'allume !
    Debout ! peuple malgache,
    Les pasteurs anglicans
    Ont forgé tes cancans,
    Pour un jour sois moins lâche !
    Allons Betsileos,
    Barres et Sakalevos,
    Frappez à coups de hache !

II

Hélas, à mon appel, nulle âme ne s'éveille !
Tananarive dort et partout on sommeille !
De la lune un rayon descend du firmament
Et fait luire le toit du vieux palais d'argent ;
Puis s'en va consoler dans le lac tranquille
L'ancêtre qu'y noya une faction hostile.
Dix horloges partout sonnent déjà minuit
Et, tout comme en Europe, on entend le doux bruit
De voix et de violons troubler la nuit sereine,
C'est fête, paraît-il, chez l'oncle de la reine.

> Le bourjane est agile !
> Il va, pressant le pas,
> Suant ne parlant pas ;
> Il glisse sur l'argile.
> Quatre hommes d'un seul cœur
> Portant leur voyageur
> Comme un objet fragile.

III

Jadis Rasoër II ordonna, sans répliques,
Avec la mort des blancs, les mœurs impudiques.
Au sang des Andrian's, vint celui du malais
Et toute la roture envahit le palais.
Ainsi voilà pourquoi je vois la courtisane
Vers un doux rendez-vous aller en filanzane.
Sous un lamba soyeux son regard velouté
Dans de longs cheveux noirs, cache sa volupté.
Demain on la verra, comme une parisienne,
Son corset sous le bras, regagner sa persienne.

Je vois la Résidence.
La place du Zoma
Les rives de l'Ikopa
La nuit en confidence
Eteint tous les flambeaux
Sur la terre et les eaux
Répand son grand silence.

Hanoï, 1891.

La Pastourelle.

LA nuit étend son voile sur les paillottes où le détachement du lieutenant X... repose à l'abri de ses hauts miradors. A intervalles réguliers les factionnaires frappent deux coups sur un bambou pour se tenir en éveil.

Une lumière luit au fond de la cour et, comme des ombres, des tirailleurs avec un sergent vont prendre leurs armes pour une sortie. A voix basse on s'équipe, on se compte, on s'aligne ; les coolies portant les provisions se placent à la gauche. Tout est prêt, le sergent va trouver l'officier qui paraît bientôt monté sur un petit chéval du Tonkin. A la lueur d'un photophore le lieutenant inspecte son monde puis prenant la tête se dirige vers la palissade. Les lourdes barres de bois sont retirées, la porte est ouverte, et la reconnaissance s'en va dans la nuit sombre qui étend son voile sur les paillottes.

Les tirailleurs passent, légers, arroyos et sentiers, effleurant le sol de leurs pieds nus parmi les broussailles et les roseaux.

Dans l'air calme, que trouble parfois le cri du paon, de rances parfums d'opium se mêlent aux vapeurs des rizières. Une à une les étoiles s'éteignent devant l'aube naissante qui répand sa rosée comme des diamants sur les pousses vertes des bambous.

Après deux heures de marche on arrive à une vieille pagode occupée par un poste de miliciens, devant, eux aussi, prendre part à l'action combinée dont le dénouement approche.

Si à huit heures le lieutenant peut arriver au point K la reconnaissance donnera le résultat attendu par le commandant de la région lequel s'est proposé de cerner dans son repaire le fameux doï Than, chef de pirate très dangereux.

Le détachement est rompu à ces sortes d'expéditions qui, le plus souvent, se terminent sans coups de feu par l'assaut d'un village abandonné où l'on ne trouve plus que quelques infirmes ou une vieille bahia sourde comme un pot.

Les tirailleurs ont repris leur marche. Maintenant le jour se lève sur les magnificences du sol tonkinois. Pour gravir la côte le lieutenant est descendu de cheval et il cause familièrement avec le sergent. Ils avancent en fumant une cigarette, suivis de leurs linhs fidèles dont les salaccos aux rouges rubans tranchent sur les feuillages. En avant un sergent indigène et quelques hommes éclairent la route.

L'officier, en bonne humeur, fredonne des airs de valses et de quadrilles ; il en tient surtout pour une certaine pastourelle dont les notes reviennent sans cesse sur ses lèvres et lui rappellent, à coup sûr, un lointain amour, là-bas sur la terre de France.

Soudain un feu de salve ébranle la feuillée et retentit dans les mamelons d'alentour.

— Ce serait donc sérieux, cette fois fit l'officier !

— Cela m'en a tout l'air répond le sergent en se portant près des hommes pour leur faire développer dix paquets de cartouches en plus des trois paquets déjà prêts à être employés.

Pendant ce temps l'officier relit sa carte et la note reçue la veille. Maintenant les feux de salve répondent aux feux de salve l'action est sérieusement engagée par tous les groupes postés sur l'autre versant.

— Mon lieutenant, laissez-moi marcher avec l'avant-garde s'écrie le sergent déjà excité par la fusillade.

— Inutile, c'est de notre intervention à huit heures précises que dépend le succès, agir plus tôt serait tout compromettre ; mais souvenez-vous qu'à l'heure dite nous devons être au point K coûte que coûte. Pour y arriver nous n'avons que ce raidillon à gravir mais il est plein de mystère ce raidillon. Faites fouiller nos flancs par Tap et le Caï Vang ce sont nos meilleurs limiers.

Les deux braves désignés s'enfoncèrent dans la brousse, se frayant un chemin avec le coupe-coupe, et la section parvint à deux cents mètres du sommet.

Mais deux cris retentirent couverts aussitôt par plusieurs détonations l'officier et son sergent tombent tous deux frappés d'une même blessure à la cuisse, mais le détachement est intact.

Alors comme l'heure pressait, le lieutenant dans un effort héroïque déroula sa ceinture, y attela l'escouade de tête et se fit traîner jusqu'au sommet où il fit commencer le feu puis il s'évanouit.

Le sergent resté sur le lieu de l'attaque, arcbouté sur ses poignets, encouragea ses hommes qui, déjà, avaient riposté, il concentra le feu d'une escouade sur une ligne perpendiculaire tandis qu'il faisait fouiller par une autre le secteur de terrain compris entre cette ligne et le sommet. Une fois ce terrain dégagé il se fit à son tour porter sur le sommet où il aligna ses hommes à la suite des autres ; à ce moment le feu du détachement donna toute sa puissance, il était huit heures précises.

Les boys donnèrent leurs soins aux blessés et leur appliquèrent le pansement réglementaire.

Revenu à lui l'officier constata que sa présence prématurée au point K aurait démasqué le mouvement général et détourné l'ennemi de cette voie. Tandis que, maintenant, les pirates n'avaient plus le temps de trouver une issue, foudroyés par deux pièces et plus de six cents fusils dont le cercle mortel allait se rétrécissant de plus en plus.

Le commandant voyant le point K occupé selon ses ordres fit sonner en avant.

Des massifs qui les cachaient les compagnies convergèrent vers ce point. Le brave lieutenant, les nerfs tendus, tout entier au combat, fit redoubler son feu oubliant son propre sort. Enfin la charge retentit terrible, enivrante, victorieuse.

Les pirates cessèrent le feu, on entendit de vagues appels de corne et le roulement funèbre du gong des exécutions, le doï Than venait d'être décapité par ses propres partisans. Ce procédé n'eut pas toute la faveur du commandant qui ordonna de mettre la cangue à tous les rebelles pris les armes à la main.

Le soleil devenu brûlant dardait ses rayons sur la côte où l'héroïque détachement s'était rassemblé attendant les ordres. Les tirailleurs avaient couché leurs chefs blessés sous un grand banian ils avaient trouvé un peu d'eau fraîche pour étancher leur soif ardente.

Le commandant envoya les secours nécessaires avec l'ordre d'amener les blessés avec ceux de la colonne tandis qu'un nouvel officier reconduirait le détachement à son poste.

Ce fut un ordre bien difficile à exécuter car ces braves soldats ne voulaient point quitter leurs chefs et on dut permettre que deux tirailleurs resteraient avec eux jusqu'à Hanoï.

Enfin eut lieu l'évacuation, la marche lente et pénible à travers la forêt aux sentiers raboteux sous la morsure continuelle des moustiques et des sangsues, puis vint la fièvre et le délire. Après un pansement fait au poste le plus proche on achemina les deux blessés vers le fleuve rouge pour y attendre le passage de la première canonnière.

*
* *

Ce soir-là, un jeudi, les malades de l'hôpital de Hanoï étaient restés plus longtemps que de coutume à causer sous les manguiers du jardin.

Comme chaque jeudi on attendait la canonnière

du haut fleuve amenant le contingent de blessés et malades évacués des ambulances.

Chacun comptait retrouver, parmi les arrivants, un camarade de sa région et obtenir des nouvelles de sa compagnie.

Vers neuf heures, le rugissement du tigre lancé par la sirène à vapeur annonça l'arrivée de la chaloupe. Aussitôt tous les boys défilèrent avec des pousse-pousse au devant des malades. Quelques instants après, une vingtaine de blessés et de fiévreux étaient reçus dans les salles, hébergés et couchés par ces bonnes sœurs dans lesquelles le soldat malheureux croit retrouver sa mère et que dans leur affectueux respect les tirailleurs appellent : Madame ma Sœur.

Bientôt passa de bouche en bouche le récit du combat où le lieutenant X... et son sergent avaient reçu, en même temps, une blessure grave.

Le lendemain, après le déjeuner, commencèrent les préparatifs de la visite. Déploiement sur les tables de tout l'appareil de la chirurgie : ciseaux, couteaux, stylets, scies, sondes, gouttières, cornets à chloroforme, bocaux d'éponges et de liquides antiseptiques, etc...

Dans ce temps-là Hanoï n'était pas la confortable capitale d'aujourd'hui et les services étaient installés dans la vieille citadelle annamite. Cette installation fortuite avait son charme, on y goûtait l'originalité de la couleur locale, tandis qu'aujourd'hui les villes indochinoises sont devenues banales avec la toilette européenne qu'on leur a fait subir.

2

L'hôpital était installé dans un ancien grenier à riz et les opérations se faisaient dans les salles ou dans un couloir adjacent.

Etendu dans son lit de souffrance et devant ces préparatifs, quel est l'état d'âme du blessé ? La poudre avec son parfum grisant n'est plus dans son atmosphère, il n'entend plus le crépitement des coups de feu ni la voix mâle du clairon. Son ardeur est partie avec son sang perdu, il est là affaissé et pourtant il va falloir lutter encore contre de nouvelles tortures.

La plaie s'est aggravée par suite du transport et du temps écoulé depuis la blessure. C'est la mort prochaine ; le malade a lu cela dans les yeux et les gestes du médecin. Mais ce dernier veut tenter l'impossible pour arracher à la tombe les victimes qu'elle attend. C'est l'amputation nécessaire urgente. Le lieutenant demande à la subir le lendemain même ; quant au sergent, il a été reconnu trop faible.

Mais voici qu'un grand mouvement se produit dans les salles et d'un lit à l'autre se chuchote ce mot : le Général !

En effet, accompagné du chef du service de santé et d'un colonel, voici le général en chef. Il va droit aux blessés, leur parle avec douceur, s'informe de leur état et leur fait espérer la récompense des braves.

Il est arrivé dans la salle des officiers, contiguë à celle des sous-officiers, où le lieutenant et le sergent dorment du sommeil de l'épuisement. Leurs visages pâles, exsangues, forment une tache de cire sur la blancheur des oreillers. Le Général, découvert, les

regarde l'un après l'autre et sans les réveiller épingle
la croix de la Légion d'honneur sur le drap de l'officier et la médaille militaire sur celui du sergent.
Puis il se retire ému.

*
* *

Le soir, la musique militaire vint donner son concert hebdomadaire aux malades groupés sous les
vérandahs pour l'entendre de plus près.

Après le pas redoublé traditionnel, on vit la Supé-
rieure des sœurs franchir le jardin et s'entretenir, à
voix basse, au milieu du cercle, avec le chef de fan-
fare. Puis sur le signe de celui-ci, les musiciens pri-
rent leurs pupitres et leurs instruments et vinrent se
reformer sous les fenêtres de la salle des officiers.
Alors eut lieu un concert spécial de valses et de quadrilles entraînants où revenait souvent le motif de
cette pastourelle dont les notes étaient toujours sur
les lèvres du lieutenant X...

Sentant venir la mort, ce brave officier, dans un
mouvement splendide de crânerie, avait voulu que
la musique égayât son dernier crépuscule. Parmi les
faits héroïques accomplis sous nos yeux dans nos
rudes campagnes, nous avons rarement admiré une
pareille hauteur dans le courage.

Le lendemain, le lieutenant mourut pendant l'opé-
ration. Nous aimions ce brave, nous faisions des
vœux, espérant un miracle, car le chirurgien avait
une renommée d'habileté, mais nous vîmes la Supé-
rieure passer rapide, les yeux baignés de larmes.......

Maintenant la musique joue des airs funèbres. Le

clairon a voilé son or d'un crêpe et il a trouvé des sons plaintifs pour clamer le deuil du régiment. Le cortège s'en va au-delà des jardins, puis disparaît à nos yeux.

On a caché ces événements au pauvre sergent, qui s'est éteint doucement, lui aussi, en rêvant, dans son âme généreuse, que son officier était guéri et qu'ils allaient, tous deux, retourner vers les pirates à la faveur de la nuit sombre qui étend son voile sur les paillottes et les hauts miradors.

Nam-Dinh, 1892.

(A LA STATUE DE PAUL BERT, A HANOÏ)

Ronde de la Fête du Têt.

I

Sur les murs lézardés de l'antique pagode,
Les bonzes ont mis des fleurs en psalmodiant le Code
De Confut-Se ! Ils ont sorti leur étendard,
Portant Dragon brodé d'argent, sur fond criard.
Tout le long du Song-Coï tintinnent des clochettes,
Plus d'un gai cerf-volant suit le vol des aigrettes !
Dans le vacarme sourd des gongs et du tambour
Les buffles imposants sont rentrés du labour
Tout caparaçonnés de mousse et de guirlandes.
A Boudha tout un peuple apporte ses offrandes !

II

O peuple annamite
Doux comme un agneau
Sous notre Drapeau
Si noble et si beau

Tu grandiras vite.
Tu as la valeur,
De l'amour au cœur,
Fête avec bonheur
Ce jour qui t'invite.
J'ai quitté mon pays et sa félicité,
Si je meurs au Tonkin c'est pour sa liberté !

III

Congaïes joyeuses
Fêtez l'heureux Têt,
Donnez en secret
Vos cœurs sans regret
Frêles amoureuses !
Au fier étranger
Dont l'esprit léger
Se rit du danger,
Venez langoureuses.
J'ai quitté mon pays et sa félicité,
Je retrouve au Tonkin douceur et volupté !

IV

Mais la nuit venue
Titou va danser
Le feu s'élancer
Et tout embraser.
Le Têt continue
D'Hanoï à Lang-Son !
Du Day à Do-Son !
Son grelot résonne
Jusque dans la nue.
J'ai quitté mon pays et sa félicité,
Et j'ai vu le Tonkin dans toute sa beauté !

V

J'ai vu en morceaux
Jetés dans la nuit
Par le temps qui fuit
Le passé détruit
Des Mang's et des Thos
Et la luciole
Voltiger la folle
Comme une auréole
Sur leurs froids tombeaux.
J'ai quitté mon pays le cœur plein d'espérance,
Sur ce sol endormi j'ai versé mon ardeur.
Et pour régénérer une antique grandeur,
Avec mon propre cœur j'y ai mis de la France.

Hong-hoa, 1890.

L'Eventail.

LA garnison de Tak-Bah fête le 14 juillet. Détonnations, cris joyeux et fanfares, banderolles flottant au vent, lanternes suspendues par centaines aux cimes des lataniers.

Traversant la foule en liesse, un moine tout couvert de poussière vient d'arriver à la Résidence et se présente au groupe des convives attablés. Il expose les lamentations des Catholiques de Bang-Sa tourmentés par le dé-Than (*ad diudurnum res severas !*) crie quelqu'un. Ce moine a quelque chose de fatal dans son allure. On lui promet une reconnaissance sur les renseignements qu'il donne et la fête continue.

. . . .

Vingt-quatre heures après un détachement de soixante légionnaires et de quarante Tonkinois dévalent le col de Déo-Gia et font halte au village de Yep-Laï tandis que le jour se lève. Comme d'habitude les renseignements sont vagues et les Catholica se sont bien gardés de fournir des guides.

Un pauvre diable de nha-Qué vient à passer. Le

sous-lieutenant commandant les tirailleurs l'arrête et en obtient quelques indications d'après lesquelles les pirates sont établis sur la rive gauche du Ngoï Dan, affluent du Song-Mua, sur un point qui est à une heure de chemin.

Sur les instances de l'officier le capitaine fait reprendre la marche et, les tirailleurs en tête, on commence une course au clocher. Après un mamelon gravi c'est un autre mamelon dont les contours se perdent dans la forêt épaisse. On marche une heure, la position n'apparaît pas, on marche encore, sans pause, les hommes sont harassés.

Tout à coup une formidable décharge retentit, deux tirailleurs tombent ainsi que le cheval de l'officier ; à vingt pas sur la droite du chemin se trouve une case, l'officier y jette sa section et commence les feux de salve. Les feux se croisent couchant, deux, trois, quatre tirailleurs. Le sous-lieutenant l'éventail à la main s'en sert avec coquetterie et de ses lèvres tombent à intervalles réguliers les commandements de joue ! feu ! comme à l'exercice. C'est un grand et beau jeune homme plein de distinction. Dans son uniforme blanc aux boutons et galons d'or il domine de toute sa stature sa vaillante petite troupe encadrée par deux braves sergents français.

Tout en faisant le coup de feu le sergent de droite regarde de temps à autre son officier. Il voit qu'un long filet de sang s'écoule et tache la blancheur immaculée de son pantalon au pli impeccable. Il accourt pour le panser car il lui semble que le lieutenant a la cheville fracassée. En effet, malgré sa vaillance, celui-ci est obligé de s'appuyer à un arbre et devient très pâle ; mais il renvoie le sergent à sa place d'un geste et, sans qu'il y ait eu un arrêt quelconque les mots de joue ! feu ! continuent à tomber de sa bouche réguliers et énergiques pendant que l'éventail continue son mouvement gracieux.

A ce moment le capitaine et les légionnaires arrivent à la hauteur des tirailleurs mais comme ceux-ci n'ont placé aucun homme pour indiquer leur position le capitaine passe outre et arrive sur le lit desséché du Ngoï-dan où il reçoit les feux croisés des pirates et du lieutenant. Cinq hommes tombent dont le capitaine qui est frappé d'insolation. On sonne en retraite et le gros des légionnaires revient en arrière.

Cependant deux sergents et cinq hommes n'ont pas entendu la sonnerie et ont commencé l'escalade du mamelon rocheux où plus de deux cents pirates sont solidement retranchés. Successivement tous ces sept braves sont plus ou moins gravement blessés mais ils avancent toujours. Un des sergents a les deux jambes traversées mais il se traîne encore. Enfin il ne reste plus que le premier sergent, il a l'épaule brisée mais il monte toujours jusqu'à ce que perdant connaissance il tombe dans une anfractuosité de rocher.

La plupart des blessés sont revenus sur le sentier fatal où le sous-lieutenant tire et commande toujours en s'éventant. Ayant perdu la trace de leurs camarades les blessés viennent chercher appui près des tirailleurs ; le sous-lieutenant les voit et ordonne au sergent de droite de les conduire à l'autre face du mamelon derrière un mouvement de terrain.

Mais ces hommes marchent lentement et il faut un certain temps au sergent pour les amener à l'endroit indiqué. Lorsqu'il y arrive le bruit de la fusillade cesse et il entend au loin sonner la retraite. Difficile alternative ! que faire ? Si le feu a cessé c'est que le lieutenant a entendu et bat en retraite. Le vieux sergent ne réfléchit pas davantage et marche au clairon.

Mais il n'en est rien le lieutenant n'a rien entendu dans le vacarme des détonations. Il a reçu dans l'aine une blessure mortelle, il a pivoté sur lui-même et est tombé mort foudroyé en commandant encore : feu !

D'une main il tient toujours son éventail.

Depuis près d'une heure qu'ils tirent les tirailleurs sont exténués, la moitié d'entre eux, gisent morts ou blessés. Le deuxième sergent français saisit une couverture, y place l'officier et à l'aide de courroies le fait traîner par ses hommes valides.

Mais à ce moment les pirates poussent des cris affreux et se précipitent comme des loups sur le détachement en retraite.

La fusillade recommence à bout portant, les tirailleurs sont écrasés par le nombre et se dispersent et le corps de l'officier tombe au pouvoir de l'ennemi, ainsi que le convoi que les coolies ont abandonné.

Alors commence la curée.

Les bouteilles de vin et de champagne sont vidées puis remplies avec le sang des cadavres encore chauds qu'on vient de décapiter. Dix têtes se balancent au bout des piques. Têtes blanches de français têtes jaunes de tirailleurs dont les longs cheveux noirs pendent ruisselants.

Les blessés et les rares survivants accroupis dans les roseaux assistent stupéfiés à ces horreurs, ils retiennent leur souffle car le moindre mouvement peut les trahir et les livrer vivants aux plus affreux supplices.

Le soleil est au Zénith, la chaleur est atroce, la soif brûle les gosiers, plusieurs s'évanouissent. Le sergent français, dernier spectateur de ce désastre, lutte contre un fou désir de se détruire deux fois, l'arme homicide échappe de sa main. Vaincu par la soif il recueille sa propre urine dans un gobelet et la boit avec avidité ; un voile obscurcit ses yeux et il perd connaissance. Enfin le soleil décline derrière les cimes et la nuit s'étend sur ce carnage où croassent déjà vautours et corbeaux.

*
* *

Dès neuf heures du matin la nouvelle de l'affaire était parvenue à Tak-Bah et une forte colonne arrivait à la rescousse. Mais en raison des accidents causés par la chaleur et la marche forcée elle cantonna à Yep-Laï et n'apparut sur le lieu du combat que le lendemain matin. Les corps furent enterrés, celui de l'officier fut placé sur un palanquin pour être ramené.

Des touffes de roseaux sortirent pâles un à un les survivants et, sur leurs indications on retrouva les blessés qui furent rappelés à la vie, pansés et placés sur douze civières. La colonne poursuivit l'ennemi et un détachement ramena le convoi des blessés sur Yep-Laï.

Le jour suivant ce convoi approchait de Tac-Bah.

A sa rencontre plusieurs européens s'étaient portés avec des fleurs et des couronnes. Les quelques troupes restées dans la citadelle étaient rassemblées en armes près de la grande porte, tambours et clairons à droite, un capitaine devant. Les civières avançaient lentement et il en pendait des linges sanglants. L'escorte fatiguée contenait à grande peine la foule des congaïes, des chinois et autres curieux. Soudain un commandement retentit : Portez armes ! Présentez armes ! Aux champs ! et le convoi disparut sous la voûte au bruit des honneurs militaires.

*
* *

Six mois après un détachement parcourait le Fou-yen et, un soir, après une marche pénible, cantonnait dans un village élevé près d'un torrent.. Ce village était abandonné, mais les tirailleurs en cherchant du bois aux alentours trouvèrent une vingtaine de fusils cachés dans l'herbe. On battit ensuite les environs et on s'empara de dix-huit pirates. La nuit se passa à fouiller les cases avant de les brûler. En inventoriant les prises on retrouva dans un coffre annamite une casserole, une poële ayant appartenu à la popote de Tak-Bah. Grâce aux numéros matricules on retrouva des petits bidons, des couvertures et deux carabines ayant appartenu au détachement qui avait tant souffert dans la malheureuse affaire du Ngoï-Dan. Enfin parmi des paquets de cartouches et autres objets au fond de la caisse on vit un éventail taché de sang qui fut rapporté et conservé dans la compagnie comme une précieuse relique.

Bac-Ninh, 1891.

La Fiancée du Mandarin.

(PARODIE TIRÉE DES ODES ET BALLADES)

Dite à bord de la « *Cordillère* », dans une fête de bienfaisance.

I

Un ordre émanant du Tong-Doc
A convoqué pour la colonne,
Les Mandarins et le Dé-Doc
Et les linhs Cô du Kin-Luoc
Au son du canon qui résonne !

II

Ce sont des Bang-Bien des Caï-thongs
A l'œil brillant et plein d'envie
Des Quan-huyens des Li-thuongs
Qui défilent au bruit des gongs
Moi j'en aime un pour la vie !

III

Il est parti sur son cheval
Qui a secoué sa crinière
En traversant le bac du Day.
Mais j'ai remonté le chenal
Pour mieux les voir la dernière.

IV

Depuis ce jour cruel pour moi
J'ai prié et chanté des odes
Aux esprits, pour que leur foi
Calme mon cœur et mon émoi ;
J'ai rempli de laïs nos pagodes.

V

Il n'a pu par un tram courant,
Absent, m'envoyer un message
Un parchemin ! S'il est mourant !
Et je vais me désespérant
N'ayant de sa vie aucun gage

VI

J'ai réussi l'autre soir,
A consulter la Sybille,
Qui m'a montré un nuage noir
Chargé de mort de désespoir ;
J'ai mis dix piastres en sa sébille !

VII

Mais je l'aime avec tant d'amours
Qu'on me rendra, j'en suis certaine
Mon mandarin et pour toujours.
J'aime sa bouche de velours
Sa taille et sa marche hautaine.

VIII

Ils reviennent ! joie et bonheur,
C'est qu'ils ont chassé les pirates
Pour toi, Thi-Haï, ah quel honneur
Ne revoir enfin ton vainqueur
Ce soir dans l'ombre des nattes.

IX

J'entends maintenant les clairons
Des tirailleurs sonner l'ivresse
Les doïs rapportent des guidons
Les coolies sont chargés de fanions
Flottants de gloire et d'allégresse.

X

Les trompettes aux sons argentins
Sonnent la chute du rebelle,
Sur leurs coursiers aux longs crins,
Yota ! voici les mandarins
Qui rentrent dans la citadelle

XI

En tête d'eux est le Cam-Saï,
Suivant la musique française,
Puis le Thong-Doc de Sou-Tay,
Et les mandarins du Bay-Say
Il n'en est pas un qui me plaise !

XII

Tiêt, fit-elle, d'une voix ralante
Et, au milieu des rangs pressés,
Dans une foule indifférente,
Elle tomba froide expirante,
Les mandarins étaient passés !

A la mémoire d'un officier indigène mort pour la France. (Colonne
de police de 1891.)

Les Bananes.

A PRÈS l'effort suprême, qui nous avait amenés du pic d'Andriba dans les murs de la capitale, une détente se produisit, fatale pour quelques-uns qui ne purent supporter la réaction, mais combien agréable pour la plupart des autres.

Après avoir supporté les affres de la faim on retrouvait une nourriture substantielle, après avoir gîté, sous la petite tente au seuil des villages brûlés, on trouvait de charmantes villas aux jardins plantés de rosiers et de lilas et la silhouette gracieuse des lascives andriana nous consolait de l'absence de minois plus parisiens.

C'était l'époque transitoire où tout était à organiser, où nous logions provisoirement chez l'habitant, ce qui nous rappelait les grandes manœuvres de France. Or chacun sait combien cette situation momentanée est propice aux bonnes fortunes qui ne se représentent plus, hélas, dans les murs austères de la caserne.

Après l'exercice ou la corvée, à l'heure où le soleil planait sur les monts brumeux de l'Ouest, des musiciens malgaches venaient chaque jour écorcher nos oreilles avec une « Marseillaise » toute exotique et des ritournelles à gros flons flons.

C'était l'heure des rêveries charmantes sur les hautes terrasses.

Notre cantonnement avait tant d'attraits qu'il nous arrivait rarement d'excursionner à travers les rues tortueuses, véritables montagnes russes. Et cependant quel pittoresque dans l'installation hâtive de ces nombreuses guinguettes alors tenues par la gent cosmopolite qui suit toutes les expéditions.

Et puis nous avions un amphytrion qui se chargeait de pourvoir notre table et notre home avec un style qui laisse très loin derrière lui le chic des établissements les plus réputés des grands boulevards; jugez-en.

Un soir notre dîner s'achevait dans les chansons comme d'habitude. Au potage avait succédé le ragoût traditionnel, puis les légumes, le rôti, le tout appuyé de l'inévitable riz cuit qui nous tenait lieu de pain. On attendait impatiemment le dessert, les uns pour se livrer ensuite aux douceurs de la manille, les autres pour sortir ou aller à leur service. Et le dessert ne venait toujours pas ; de là, cris, menaces, invectives à l'adresse de notre malheureux hôte.

Mais celui-ci, avec un calme bien oriental, pressa sur un timbre. La porte s'ouvrit et livra passage à douze jeunes filles au teint blanc dont les cheveux déroulés tombaient sur leurs épaules. Toutes plus gracieuses les unes que les autres portaient de légères corbeilles pleines de bananes. Vous pensez la réception qui leur fut faite, réception d'autant plus agréable que presque toutes parlaient le français y compris la duègne qui les accompagnait.

Chacun comprit cependant qu'un dessert aussi savoureux ne pouvait se goûter que dans l'intimité et les couples désertèrent bientôt la table pour se glisser comme des ombres dans les allées du parc, dans les couloirs de la maison poursuivis par les rayons indiscrets de la lune qui balançait dans le ciel constellé sa grande bouche rieuse et contente.

Le lendemain des écorces de bananes jonchaient le plancher de nos chambrettes, le sol des cours et les marches des escaliers, on en trouvait partout, à tel point que le commandant arrivé au moment du balayage s'écria : « On nourrit donc les hommes avec des bananes ici ! » mais heureusement ses constatations s'arrêtèrent là.

Aujourd'hui les hasards de la vie nous ont tous dispersés mais chacun a sûrement gardé le souvenir des nuits de l'Emyrne peut-être même plus d'un serait heureux de retourner manger des bananes à Tananarive.

Saïgon.

(ROMANCE).

J'aime à respirer ta brise aquatique
Sous les flamboyants aux rouges couleurs
      Bordant ta rivière.
On y passerait une vie entière
Dans un frais hamac au milieu des fleurs !
J'aime à sommeiller sous le toit rustique
De tes odalisques aux yeux enchanteurs.

J'aime le roulis de tes vieilles jonques
Glissant sur le flot couvert de lotus
      Devant la pagode,
Et suivre l'ibis, en son libre exode,
Vers les bois sacrés aux bambous touffus,
Où l'écho troublant des païennes conques
Râle tes amours sous l'eucalyptus.

Saint-Louis. — Village des Tirailleurs sénégalais

Dakar. — Le Marché

Donne, donne encor ta grisante haleine
Quand l'opium brûle en lourdes vapeurs,
    Je vois tout en rose ;
Sa fumée éloigne un regret morose.
O rêve infini des drôles torpeurs,
Avec le plaisir, verse dans ma veine
Ton baiser maudit, tes parfums trompeurs.

Porto-Novo, 1892.

L'empalé d'Adjara.

LA lune se mirait encore, discrète, dans les lagunes, dont les lointains méandres serpentent vers Lagos que, déja, nos fusils en bandoulière, nous franchissions les murs crevassés d'Adjacé.

Laissant la vallée marécageuse où grouillent d'affreux caïmans parmi les palétuviers, nous gravîmes la pente douce d'Adjara qui mène aux forêts du Dékamé.

A cette heure de l'affût il n'est pas rare d'entendre la détonation insolite d'une vieille pétoire, car l'indigène, ici est chasseur. Ce bruit, en tirant le voyageur de sa rêverie lui révèle que ces solitudes sont habitées. Mais, néanmoins, les habitants longtemps terrorisés par Gléglé et son digne successeur « Condo » dit Behanzin n'ont pas encore mis en valeur toutes les richesses de ce pays à la végétation puissante.

Les mœurs et les croyances des Nagos sont écrites

aux carrefours des pistes tortueuses que les généra-
tions asservies ont tracées de leurs pieds nus. Sous
un arbre sacré, cher aux serpents inoffensifs, s'élève
un petit édicule en paillottes. Dans ce réduit les
féticheurs d'une main assez maladroite ont moulé
en terre glaise une figurine grossière sur laquelle s'entassent les chapelets de Cauris avec les
débris sanglants des sacrifices. Dans les cases du
Yévogan de Widah on a retrouvé une sorte de
dieu de la guerre entièrement forgé par un artisan
indigène.

Les mêmes figurines sculptées en bois se rencon-
trent dans les habitations et semblent marquer tout
à la fois le seul capital d'art et de philosophie que
cette malheureuse population ait pu constituer
jusqu'alors.

Par les sentiers bordés d'orangers et d'ananas, la
négresse va portant sur sa tête la calebasse pleine
d'œufs, d'épis de maïs, d'acassa qu'elle vendra au
prochain marché. Un pagne de guinée entoure ses
flancs robustes tandis que sur sa poitrine nue pendent
lamentablement deux mamelles flasques, suivant
dans un balancement écœurant, les mouvements de
sa marche. Ou encore c'est la vision suave d'une
jeune fille à l'allure gracieuse aux cheveux savam-
ment tressés et parsemés de verroteries.

Nous avancions ainsi dans la rosée du matin sous
les grands palmiers qui formaient une voûte sur nos
têtes et guidés par un créole portugais excellent chasseur et meilleur interprète.

Cailles et perdrix tombaient bientôt sous nos coups

et la chasse n'eut pas besoin d'être longue pour être fructueuse.

Le rendez-vous était un grand arbre mort, aperçu dans le lointain, et qui semblait nous tendre les bras.

En marchant vers ce but on s'était séparé momentanément, et seul à ce moment, face à face avec l'imprévu, je me sentis profondément remué. Il faisait maintenant grand jour et je ne quittais pas des yeux la plaine fuyante, l'admirant dans son réveil que les singes saluaient par leurs cris en sautant dans les futaies.

Dans une vision étrange j'aperçus les branches mortes du vieil arbre tressaillir comme si quelque chose d'affreux, d'inouï se passait là en avant à quelque cent mètres de moi. J'entendis des râles étouffés, des cris, des imprécations ; à tout hasard je chargeai mes deux coups à chevrotines et j'attendis.

C'était maintenant un bruit d'arbre ou de grosse branche que l'on taille à coups de serpe, j'entendis ensuite un grand cri quelque chose comme l'appel suprême d'un homme vigoureux qui endure une souffrance atroce.

Je n'y tins plus et je sifflai les amis.

Tandis que parmi la brousse et les roseaux on essayait de se rapprocher, je vis s'élever au-dessus des hautes herbes, à cet endroit même que je ne quittais pas des yeux, une forme humaine immobile. Le torse était rejeté en arrière et une pointe blanche de bois effilé passait entre le cou et l'épaule, un bras était replié et comme cloué sur la poitrine, à ce bras était suspendue une sorte de pancarte blanche ;

l'autre bras était attaché derrière le dos ; les jambes pendaient rigides et comme désarticulées.

En un instant avec les camarades, je fus arrivé sur le lieu du supplice où notre cicerone portugais avait déjà commencé ses explications sur ce genre d'exécution capitale usité au Dahomey.

Ce noir avait attaqué le courrier de Kotonou et le roi Toffa l'avait condamné à mourir par le pal.

Ce roi Toffa ne le cède en rien à son cousin Behanzin et son code pénal est une véritable boîte à surprises.

Mais, qu'un pareil spectacle est pourtant invraisemblable à deux pas des fortins où flotte le drapeau tricolore, où la cloche des missions tinte gaiement appelant aux offices les théories de garçons et de filles noires, blanches ou douces créoles portant d'une allure si naïve le jupon européen. Qu'un tel spectacle est donc inattendu dans cette nature splendide où tout au contraire chante la paix, le bonheur et l'amour.

Ce que la Croix des missionnaires n'a pu faire, ce que le canon des soldats n'a pu immédiatement obtenir, une chose ici l'obtiendra comme elle l'a obtenu au Sénégal et ailleurs, cette chose c'est le travail protégé par nos lois humanitaires, le travail qui anoblit et lie par les mêmes liens de l'intérêt noirs et blancs, métis et créoles. C'est du moins la pensée généreuse qui vous vient au cœur sous cette voûte d'un perpétuel azur.

Bécon, 1892.

La Tabaski.

(FÊTE DAHOMÉENNE).

I

Condo hé Condo tié !
O lente mélopée
Que ricanent les noirs
Endormis à moitié
La taille enveloppée
Dans leurs sales peignoirs !

II

O chanson des pirogues
Fléchissant sous leur mât
Dans la grande lagune,
Écho de cent voix rogues
Fuyant vers le ciel mat
Le soir au clair de lune.

III

L'ombre des térébinthes
Cache de sombres murs
Que nul blanc ne passa,
Mystérieux labyrinthes,
Dédales froids et obscurs,
Palais du roi Toffa.

IV

Échappées de ces antres,
Des femmes, seins au vent,
Dansent un pas enchanté
Et secouant leurs ventres
Préludent au jeu savant
De l'anneau argenté.

V

Richement habillé
En général anglais,
Le roi Toffa s'avance.
Le noir déguenillé,
Le métis portugais
Lui font la révérence.

VI

Dans les champs d'Adjacé,
Les Grillots font chorus
Avec les Cabécères,
Sous le banian sacré
Des fétiches sont venus
De tous les décimères.

VII

De lourds sacs de cauris
Surchargent les icônes
Faciles au miracle,
En épis de maïs
S'entassent les aumônes
Jusqu'au pied de l'oracle.

VIII

Et l'écho de la fête,
Ainsi qu'une semence,
S'étend sur Adjara,
Tandis que le prophète
Couvre d'un geste immense
Le peuple de Toffa.

IX

Dans leur vol funèbre
Les roussettes ont couvert
Baobabs et bombax
La palme qui célèbre
Etend son rameau vert
Sur le front de Faurax !

Saint-Louis. — Avenue Doods

Une rue de Gorée

Tananarive, 1899.

Souvenirs impérissables.

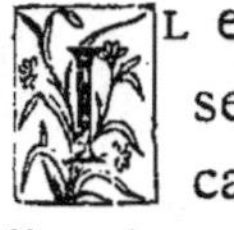L est dix heures, les dernières notes du clairon se sont envolées vers le lac d'Anosy et la caserne de l'Escorte se dresse silencieuse dans l'ombre de la Résidence.

Cric ! crac ! qui est-ce qui rase ?

Et dans toute la chambrée on crie c'est Lesca, c'est le briscard !

— Taisez-vous tas de pierrots tout au plus boṅs à trouver la clef du polygone, si vous aviez été là en 1895 vous n'auriez pas le nez si long.

— D'abord savez-vous comment Lesca trouvait moyen de bourrer sa pipe quand tout le monde se tapait de tabac ? Ça vous intrigue, hein !

Eh bien commé je voyais les bivouacs silencieux et tous nos copains en train de se morfondre sous la tente, moi je me suis dit : « Le général doit rudement s'embêter si j'allais lui pousser une romance ? »

Et crac me v'là parti vers le gourbi du grand chef en chantant la *Digue digue digue don*.

Ça n'a pas raté, le général accourt comme une trombe.

— Viens ici toi !

— Comment t'appelles-tu ?

— Lesca, mon général !

— C'est très bien, mon brave, chante et bois ça. Tiens voilà du tabac et dis aux autres de se remuer.

Ah ! notre général, je l'ai vu dans les marches donner sa chartreuse aux clampains qui n'en pouvaient plus, même qu'un jour il a collé un caporal, sac au dos, sur son propre cheval et l'a conduit lui-même par la bride pendant une demi-heure. En tête de la brigade, il guettait les bons coins, et quand les compagnies arrivaient pour camper, il avait toujours quelques volailles à leur distribuer. Vous n'avez pas vu ça vous autres.

Bien sûr il y en avait d'autres des débrouillards qui avaient du tabac. A un moment donné pour des brodequins on aurait eu le Pérou, comme au Soudan, où, pour du sel, les plus farouches diguènes deviennent accommodantes.

Une nuit les Algériens étaient revenus de reconnaissance et avaient monté leurs tentes près des nôtres. Au matin, j'entendis appeler : Mohamed ! Mohamed ! pas de réponse. La voix répéta Mohamed ! Mohamed ! au moins dix fois en un quart d'heure et personne ne bougeait. Mohamed ! Mohamed ! oh ce qu'il avait de la patience celui-là, à la fin les voisins commencèrent à en avoir assez et je risquai un œil sous la toile. Je vis un grand diable de caporal qui passait le long des tentes en appelant le fameux Mohamed qui ne bougeait pas. Au hasard, il en ouvrait une par ci par là. Enervé sans doute, il en avisa une qu'il secoua plus fort que les autres en criant encore Mohamed! Mais en fait de Mohamed c'est la tête du Colonel qui se montra. Tableau! Le pauvre diable prit ses jambes à son cou et en perdit sa chéchia dans la déroute, il alla se réfugier dans le groupe vague des cuisiniers qui préparaient le café sur le front de bandière tandis que le canon lointain annonçait que les premiers éléments de la colonne se mettaient en mouvement. Ah mes chers ces réveils à coups de canon on aurait dit que c'était tous les jours le 14 juillet.

Silence au parterre !

Un autre jour, on venait d'installer le bivouac dans un endroit plein de crevasses non loin des Ambohimena. Un gendarme venait de se flanquer les quatre fers en l'air avec son cheval, les uns étaient allés au secours du Pandore les autres préparaient le traditionnel café aux petits beurres quand on envoya l'ordre à la compagnie de décamper pour aller prendre les avant-postes. C'était pas notre tour il fallut renverser les marmites et reprendre Azor. Le capitaine était comme un crin, les lieutenants pas à aborder et l'adjudant ne pipait pas, mauvais signe !

Le mamelon sur lequel nous allions nous percher n'en finissait plus. En arrivant là haut le capitaine s'installa en grand garde et il fallut détacher une section sur un autre mamelon étroit. Naturellement c'est l'adjudant qui a trinqué avec sa section. Le capitaine lui dit vous marcherez jusqu'au ressaut qu'on voit d'ici et vous vous y installerez pour la nuit. Il y a une compagnie de tirailleurs qui est en reconnaissance devant vous et qui doit rentrer par ce chemin à la tombée de la nuit, ouvrez l'œil au bossoir.

Nous v'là partis pour l'endroit en question, une arête entre deux précipices un vrai paradis terrestre. L'adjudant qui la connaissait dans les coins, en profita pour faire descendre les cuisiniers dans le ravin extérieur et préparer le fricot. C'était déjà bon car, selon le règlement, on n'aurait pas dû faire de feu. Quand on eut mangé on se coucha dans un creux derrière le ressaut dans l'ordre des numéros comme si la section était en ligne et les copains se mirent à ronfler.

C'était mon tour d'être en faction en avant. L'adjudant me dit en se couchant lui même près de moi : « C'est moi le factionnaire, entends-tu ? au moindre bruit tire la ficelle ! » et il attacha à son poignet un cordeau de tente dont il me donna le bout.

Ma faction se passa, je passai la ficelle au suivant qui la passa au sursuivant et ainsi de suite jusqu'à deux heures du matin où mon tour revenait.

Il y avait cinq minutes que je veillais quand j'entendis le bruit lointain d'une troupe en marche. Le bruit se rapprochait de plus en plus et j'entendais le cliquetis des armes et des voix d'un idiome inconnu, je me dis c'est les Hovas !

Dans la surprise je ne pensais plus à ce que m'avait dit l'adjudant et je voulais crier aux armes mais la voix s'arrêtait sur mes lèvres.

C'est une belle chose la théorie, mais il faut voir un gaillard qui vient de faire un bon somme et qui se trouve brusquement en face d'un pareil événement. Bref, en me remuant la ficelle se tendit et l'adjudant arriva, j'en étais bien aise. Il colla son oreille à terre regarda l'heure à sa montre puis m'envoya réveiller les autres.

Chacun fut debout en un clin d'œil. La section à cheval sur la crête formait une barrière infranchissable. L'adjudant commanda « approvisionnez ! » puis « baïonnette au canon ! ». Il se plaça au milieu et cria se faisant un porte-voix de ses mains : Halte-là !

Sa voix perçante retentit dans les ravins mais sans réponse et le bruit devenait de plus en plus distinct. Chacun de nous l'entendait avec une sorte de plaisir on était heureux de voir enfin ces fameux Hovas.

L'adjudant s'était bien informé si la compagnie en reconnaissance était rentrée et elle ne l'était pas. Elle avait sans doute passé ailleurs et l'on ne pouvait songer que ce fut elle à une heure si tardive.

Pour la deuxième fois l'adjudant cria : Halte-là !. Pas de réponse.

Maintenant le bruit était là sur nous on entendait un charabia de plus de deux cents hommes montant la côte. Il faisait noir la lune était couchée depuis une heure. Je maudissais en moi-même le calme de cet adjudant qui nous tenait là immobiles alors que l'ennemi était prêt à bondir.

Il cria une troisième fois : « Halte-là ! ou je fais feu ! » lentement scandant les syllabes.

— France !

— Qui vive !

— 2e malgache !

« Remettez-ette, à vos postes ! »

— Mon capitaine vous l'avez échappé belle. Vous n'avez pas d'avant-garde.

— Et vous, pas de sentinelles doubles !

— C'est que, responsable, je veux tout voir moi-même.

— Et moi aussi.

Et ces deux vieux soldats avaient raison car dans bien des cas en campagne il faut agir avec la plus grande prudence pour ne pas se tirer les uns sur les autres.

Là-dessus Lesca se plongea sous ses draps et remit au lendemain la suite de ses intéressants souvenirs.

La chambrée est maintenant silencieuse on n'entend plus que le bourdonnement des moustiques. Ces soldats se sont endormis au récit des faits vécus et accomplis par leurs aînés et tant que durera leur service il en sera ainsi.

Voilà bien le secret de l'incontestable supériorité des troupes habituées à faire campagne.

Fleur d'Hanoï.

Le jour éclaire l'humble case
Où Ti-Haï se livre au sommeil,
Les canards déjà dans la vase
D'un coin ! coin ! saluent son réveil !

Avec une grâce extrême,
Dans un effort nonchalant,
Elle roule ses cheveux en diadème
Qui lui font un noir turban.

Puis vers la mare prochaine
Où coule un mince filet d'eau,
Elle va comme une sirène
Baigner son torse si beau.

Après cette simple toilette
Elle attise le feu du foyer
Et sourit à son amulette
En préparant le déjeuner.

Dans les soucoupes en porcelaine
Elle a rangé les condiments,
La viande hachée, le riz, la graine
Et la sauce de *nioc-man*.

Et sans oublier les baguettes
Elle emporte le noir plateau,
Ainsi que les nattes proprettes
Et le vase de thé bien chaud.

La voici filant en pousse-pousse !
Du lac à la concession,
On peut taquiner sa frimousse
Sans demander la permission.

Dans son ké-ché, bien à son aise,
Sur la route du grand Boudha
Elle voit passer la Française
En équipage de gala.

C'est bien là notre Tonkinoise
Aux lèvres rouges de bétel,
Qui livre sa gorge sournoise
Pour l'aumône d'un taël.

Plus friponne que les Mousmées
Qui veulent de pompeux décors,
Elle a toutes les voluptés
Dans l'ombre des vieux miradors.

Cœur délicieux, geste facile,
Ti-Haï aux regards caressants,
Tu restes, ô amante docile,
Un des beaux jours de nos printemps.

Les idées du fourrier Briclot.

. . . .
Je bois au commun souvenir,
A la Commune haine
Aux revanches de l'avenir.
A la libre Lorraine !
                    André THEURIET.

Quand le fourrier Briclot eut porté ce toast, un
tonnerre d'applaudissements roula parmi la salle, le

---

champagne pétillant remplit de nouveau les verres et la danse commença dans le salon voisin.

Et le paquebot glissait toujours sur l'Atlantique par cette nuit remplie d'étoiles.

Le groupe des Argentins rejoignant leurs pampas et les Yankees n'avaient pas très bien saisi toute la saveur du toast impromptu lancé par Briclot, mais, à part quelques galants spahis, affairés auprès des dames, le groupe des marsouins l'entoura et l'enfant de Vaudémont s'exprima ainsi :

— Vous m'appelerez raseur si vous voulez mais j'ai cru bon de faire entendre à tous ces étrangers qui nous ont applaudis ce soir, que les soldats français, s'ils savent rire et faire rire, ont aussi le souvenir, surtout nous autres Lorrains. C'est égal les deux Allemands en ont pris leur part.

Si ce n'est pas une misère, on se rencontre partout avec ces gens-là et avec les Anglais donc ! Que vous alliez à Widah, aux Popos, à Madagascar, vous trouvez leurs factoreries qui sont leurs maisons de gros. Celles-là font détailler par des revendeurs indiens, nègres ou chinois leur camelotte et nous autres nous leur donnons notre argent sans sourciller.

Entre temps nous irons administrer une raclée à

quelque tribu dissidente histoire d'assurer leur trafic paisible.

Nous ne sommes pas malins ; quant à moi je me ferai libérer dans la colonie comme un vieux sergent de la campagne de 1885 que je connais. Il s'appelle Bordenave et il n'est pas gascon pour rien. Il a demandé une petite concession autour de Tamatave il a commencé l'élevage des bœufs et a organisé des jardins. En deux ans il avait les adjudications et il exportait ; aujourd'hui c'est un capitaliste. J'en connais un autre à Tuléar et plusieurs à la Réunion qui ont fait de bons mariages.

Pourquoi ne pas faire comme eux et nous emparer

---

selon notre droit du négoce et des concessions, les chefs et les gouverneurs ne demandent qu'à nous aider.

Mais voilà tous ces pouilleux de nègres et de Zanzibaristes vivent de peu et les Indiens traversent l'Océan, sans frais, avec leur pacotille dans un boutre aux époques de la Mousson, tandis que pour nous l'installation sera toujours coûteuse. Mais cela ne doit pas nous arrêter et pour mon compte je marche sur mon dada.

Autre chose encore. Si vous vous laissez faire, là-bas, et si vous prenez tout ce qu'on vous donnera pour du bon pain, vous n'avez pas fini de consommer un tas de poisons, que des trusts cosmopolites jettent sur tous les marchés. J'ai failli trépasser à Haï-Phong après avoir absorbé une bouteille de vin achetée chez un chinois. A Port-Saïd on vous vendra des vivres pourris et des curiosités locales fabriquées à Berlin.

Dans notre popote au Tonkin nous avions prévenu la Maison qui nous fournissait que nous ne voulions que des marques françaises et les commissionnaires étaient forcés d'en passer par là ou de perdre la clientèle ; or comme il s'agissait d'un mouvement de plus de 250 piastres par mois rien que pour le bataillon, le fournisseur y regardait. Voilà mes amis pourquoi tout à l'heure j'ai bu à la Lorraine et faites-en votre profit, là-dessus je m'enfonce dans ma cabine et bonsoir.

Les dernières valses sont terminées, les lustres du salon sont éteints, on n'entend plus que le roulement monotone de l'hélice et le halétement de la machine, il ne reste plus sur le pont que les hommes de quart qui fument leur vieille pipe en baillant aux étoiles.

ASSOCIATION NATIONALE
Des Décorés de la Médaille Militaire

SOCIÉTÉ AMICALE ET PHILANTHROPIQUE
Fondée le 23 septembre 1899
Siège Social : 105, Rue d'Alésia, PARIS-14e

CAISSE DE PRÉVOYANCE MUTUELLE
EN CAS DE DÉCÈS
Des Décorés de la Médaille Militaire

Et des Anciens Militaires pensionnés de la Guerre et de la Marine
Fondée le 1er janvier et approuvée le 7 mars 1904

Cette Caisse assure à la veuve ou aux orphelins des sociétaires, une somme variant de 600 à 3,000 fr. On peut souscrire de 1 à 5 parts.

Pour se procurer les Statuts, écrire à M. E. Mathieu, Président de l'Association, 105, rue d'Alésia, Paris.

SECTION DE NANCY (Compagnie Lorraine), 24, Rue des Carmes

La Médaille Militaire, journal mensuel, organe de la Société.
Abonnement : Un An, 3 francs.

Thaïse.

Ils s'étaient connus sur la plage des Flamands à Cherbourg. Elle, fille d'un patron pêcheur tenait le débit quand le vieux était au large et lui quand il pouvait s'esquiver de la caserne du Val de Saire, il venait lui faire sa cour, abandonnant la Salle des Rapports. Parfois, derrière la fenêtre grillagée d'une chambrée, il lui roucoulait l'air de : O Magali !

C'était une idylle, ils se marièrent. Mais au milieu de leur lune de miel il fut désigné pour le bataillon de Madagascar. Thaïse, la douce Normande, versa bien des larmes, mais elle sut contenir sa douleur. Une résolution inébranlable venait de germer dans son cœur.

Elle a entendu la musique guerrière qui les menait à la gare, l'hymne de Podor de Sébastopol et de Bazeilles qui jette ses notes glorieuses des rives de la Manche aux cales du Mourillon, l'hymne qui va mener ce bataillon jusqu'à Tananarive.

Elle les a vu passer les marsouins dans leur marche triomphale et puis tout a disparu.

Maintenant, sur les galets de la jetée, elle pleure la pauvre Thaïse, son regard voilé interroge l'horizon sans fin !

*
* *

Depuis deux mois, les troupes françaises occupent Tananarive. L'adjudant Berton a été détaché dans un poste sur la route de Tamatave à une demi étape de la capitale.

Il a comme collaborateur indigène un sous-gouverneur hova appelé Rabalanona 12e Honneur.

Ce Rabalanona possède un ventre énorme et une enfant charmante qui a nom de Ramavo, 27e fille d'honneur de Sa Majesté Ranavalo.

Comme telle Mlle Ramavo porte la toilette européenne à certains jours. Robe de soie froufroutante, souliers vernis et dessous neigeux.

Dans ces sites sauvages, elle semble une étoile tombée du ciel et l'adjudant Berton devient rêveur quand il la voit passer gracieuse dans le filanzane qui l'emporte vers Hambohimanga sa promenade favorite.

Ce qui devait arriver s'est accompli et pendant les digestions du sous-gouverneur, Cupidon règne en maître dans la petite garnison. Mais les affaires se gâtent, chaque jour le courrier annonce des attaques dans les provinces. Certains gouverneurs indigènes se disant, faussement, encouragés par la reine, soulèvent les fahavalos.

Adieu les siestes charmantes et les nuits de volupté

---

il faut de nouveau courir la brousse armés jusqu'aux dents.

Berton vient de recevoir un ordre confidentiel urgent. Le tsimando était escorté de vingt haoussas. Le soldat n'écoute que son devoir, sur le champ il rassemble ses hommes et part dans la nuit noire. Dans sa hâte le malheureux a oublié sur sa table le pli confidentiel qu'il aurait dû détruire.

Mlle Ramavo est très curieuse et, quand une contrariété la tire de son doux farniente, c'est un vrai furet. Les jeunes Malgaches aisées savent toutes le français ou l'anglais; aussi en un instant a-t-elle parcouru la missive. Mais elle pousse un cri et s'enfuit.

Rabalanona digère; cet homme passe sa vie à digérer. Les cris de sa fille ne l'ont pas troublé, mais il n'en est plus de même quand elle lui présente ce poulet d'un nouveau genre. L'homme blémit, il s'agite, appelle ses bourjanes et disparaît à son tour avec sa fille dans la nuit noire.

Nous sommes sur la colline des tombeaux. Des silhouettes blanches glissent dans la nuit le long des pierres tombales. Les lambas s'agitent comme des suaires. Les cornes des bœufs immolés jettent leur ombre fantastique sur la pierre des sépulcres. Rabalanona donne ses ordres. Trois tombeaux sont ouverts et des cercueils en sont enlevés puis ouverts Mais il n'en sort pas des spectres ni des crânes ni des tibias, car ces cercueils contiennent des fusils.

Cinquante Fahavalos dissimulés dans l'ombre sont armés séance tenante, puis ils se retirent dans une maison voisine où Rabalanona va leur donner ses instructions.

Ils ont à peine refermé la porte que la maison est cernée par les Haoussas de Berton placés en embuscade. Les fenêtres volent en éclats, les Fahavalos sont dans un cercle de baïonnettes.

Mais ces rebelles ne sont plus les fuyards d'il y a trois mois, ce sont de solides gaillards qui ne craignent pas les tirailleurs, de plus ils sont deux contre un. Ils ne veulent pas se rendre et il faut commencer le feu. La fusillade éclate de chaque côté des murs.

Les Haoussas hâtivement instruits et à bout portant ne peuvent bénéficier de la supériorité de leurs armes et les Fahavalos parviennent à faire une sortie.

Un groupe d'une quinzaine prend à revers le détachement de Berton qui court de grands dangers.

S'il faisait jour on tenterait une manœuvre, mais dans cette nuit affreuse c'est peine perdue.

Les tirailleurs commencent à fléchir, plusieurs jonchent le sol; mais Berton vient de reconnaître Rabalanona, il veut à tout prix s'emparer du traitre car il y va de sa propre réputation.

Dans un élan énergique, il pousse jusqu'au gouverneur mais un bras s'est tendu jetant un éclair, c'est Ramavo! Elle a crié: ratsphana!

Berton a l'épaule brisée, il se soutient à peine, ses Haoussas font des prodiges mais vont succomber.

Soudain le clairon retentit dans les gorges d'Amparibé, la sonnerie approche, c'est un peloton de tirailleurs algériens escortant le courrier de France. Ils ont entendu les coups de feu et accourent au pas gymnastique.

Une jeune femme est au milieu d'eux. Sur ses

---

cheveux elle porte un léger casque colonial, elle a un revolver à la ceinture.

A leur tour les Fahavalos plient et ceux qui ne sont pas frappés cherchent leur salut dans la fuite. Rabalanona reste aux mains des Haoussas.

Dans le délire des premières souffrances, Berton appelle, mais une main bien connue calme ses angoisses et de sa gorge oppressée tombe ce mot Thaïse !.. .

....

Oui l'héroïne pendant de longs mois a économisé les frais du voyage. Elle a bravé les défenses et les interdictions, la promiscuité du navire et les balles malgaches et la voilà !

*
* *.

Berton guéri, cité à l'ordre et décoré, a demandé avec insistance à son colonel de ne plus l'envoyer dans des villégiatures où les meilleurs vertus s'étiolent. Il a obtenu de finir son temps dans la vie calme de la famille ; et chacun rencontre et salue avec plaisir ce couple deux fois uni par l'amour et par l'héroïsme.

Rabalanona a été fusillé sur la place d'Andohalo, quant à Ramavo, comme nombre de ses charmantes compatriotes, elle loue à forfait l'ébène de ses longs cheveux et tout le charme de sa romanesque petite personne.

La Légende du Letchi.

J'ai vu les chimères grimaçantes au faîte des vieux temples et les dragons de pierre gardant leur majesté.

J'ai vu les dieux de bronze trônant dans les pagodes parmi la soie et l'or, et les arbres antiques pencher leurs rameaux vénérables sur ces magnificences.

Aux dalles des cavaliers j'ai mendié les secrets des vieilles citadelles.

Aux rizières fertiles j'ai demandé mon pain.

Les forêts éternelles où grondent les torrents m'ont fait voir leurs trésors; j'ai marché sur les marbres, dormi sous les santals et dans mon réveil j'ai dit à la nature : (pourquoi es-tu si belle ici ?) Elle m'a répondu : (libre à toi d'y rester).

J'ai lu le passé dans ses vestiges et interrogé les grimoires des lettrés, l'âme de l'orient m'est apparue sous une forme idéale où le charme de la femme se cache sous les fleurs.

Lorsque Quan-Houng-Won fonda l'empire des Mings il remplit l'Asie du bruit de ses haut faits. Il ajouta aux splendeurs des dynasties vécues, il sema les merveilles sur les bords du Yang-Tsé et Nankin devint une autre Babylone.

Sur ses plans grandioses un palais s'éleva sous la « Tour de porcelaine » et c'est là qu'il reçut de la belle Tsi-ma l'anneau d'or gage d'amour et de victoire qui devait être son talisman dans les plaines mongoles.

Mais la gloire jalouse emporta son héros sur ses ailes frémissantes et Tsi-ma attendit plus d'un lustre le retour de l'aimé.

Les chants de la renommée flattaient son noble orgueil mais ne pouvaient calmer les désirs de sa chair. Elle en mourut.

On la retrouva dans son jardin fleuri parmi les cycas et les lotus couchée sur un lit de roses.

L'armée des guerriers vint à ses funérailles et les larmes du premier des Mings arrosèrent son tombeau.

Au printemps suivant un arbuste naquit sur cette terre sacrée et grandit rapidement sous les soins religieux des bonzes. Il eut des fruits exquis dépassant en saveur tout ce que le sol chinois avait produit jusque-là. On les appela Letchis (pensées de Tsi-ma).

Depuis les amoureux respectent la légende et il n'est pas de fruit plus agréable aux lèvres des mousmées.

El-Mounghar !

♣

Mes chers Parents,

Les journaux ont déjà dû vous apprendre l'affaire d'El-Mounghar et comme je fais partie des troupes depuis longtemps dans le Figuig, vous devez être aux cent coups.

Je m'empresse de vous rassurer.

D'abord vous serez fiers de savoir que j'étais à l'affaire et vous serez heureux que j'en sois sorti indemne. Je suis à l'hôpital pour une entorse que je me suis faite au retour et comme je suis libérable on m'a évacué jusqu'à Aïn-Sefra.

Le 2 septembre, à deux heures du matin, nous quittions El-Mora et, après six pauses pénibles nous étions à quelque distance d'El-Mounghar quand on fit la grande halte. Il était huit heures, et je vous assure que le soleil tapait dur. Nous avons formé les faisceaux dans la plaine de sable, à gauche nous avions les dunes, à droite des crètes allant s'étageant à perte de vue.

Les Zokras faisaient suivre le convoi de 5oo chameaux chargés de vivres pour les postes.

Comme nous étions en train de casser la croûte, quelques coups de feu retentirent dans les dunes, on pensa que les officiers s'amusaient à tirer. Mais un instant après, il partit une décharge terrible sous laquelle la plupart de nos chefs tombèrent. On aperçut alors l'ennemi très bien déployé sur une grande ligne qui barrait notre gauche et .notre arrière. C'était un guet-apens.

Il n'y eut qu'un cri : Aux armes ! et instinctivement nous nous sommes rassemblés et avons commencé le feu de nous-même, la plupart de nos chefs étant gravement blessés et étant restés les malheureux, entre deux feux. On fit le possible pour les ramener de notre côté, mais les Marocains étaient si nombreux que nous allions être entourés ; et on dut se replier sur les premières crètes afin de prendre une meilleure position.

Pendant ce temps l'ennemi s'emparait des chameaux et s'avançait jusqu'au point où nos premiers blessés étaient tombés ; ils achevèrent à coups de matraque un de mes camarades et se servirent des cadavres comme de points d'appui pour tirer et s'abriter. Un légionnaire, qui n'était pas mort, leur servit ainsi de gabion vivant ; à chaque coup tiré par dessus son corps, il recevait les brûlures de la poudre et il devait endurer ce martyre sans bouger car aussitôt il aurait été massacré. Il nous a fait voir plus tard sa cuisse toute brûlée.

Dès les premiers coups de feu le capitaine avait

envoyé des spahis à Taghit pour demander du secours et c'est à sa présence d'esprit que nous devons la vie. Je le vois encore, oubliant ses propres souffrances, nous montrer, en manière d'encouragement, son poignet où il avait une montre bracelet et s'écrier : (dans deux heures nous serons sauvés) !

Le feu des ennemis n'arrêtait pas et ils étaient parvenus à occuper des crêtes surplombant les nôtres. De là, avec de petits drapeaux ils faisaient des signaux.

A un moment donné sept cavaliers probablement les chefs de la bande arrivèrent à fond de train croyant que tout était fini pour nous, mais ils furent reçus de la belle façon, j'en vis tomber cinq sous nos coups.

Ce fait a dû nous être très favorable, car à partir de ce moment l'attaque fut moins rude. Ces gens avaient d'ailleurs ce qu'ils voulaient, c'est-à-dire le convoi. Mais l'instinct pillard est tellement profond chez eux qu'ils venaient sous le feu ramasser les effets abandonnés.

Le capitaine avait une sacoche contenant dix mille francs qu'il avait cachée sous un burnous, un pillard s'empara du burnous mais ne vit pas la sacoche, on a bien rigolé quand on a vu cela. C'est à peu près le seul trait comique de ce drame qui a pris fin vers six heures du soir par l'arrivée de renforts.

Nous étions 113 légionnaires, quelques spahis et quelques goumiers. Vous dire que nos officiers, nos sous-officiers et tous nous avons été à la hauteur du péril, c'est bien superflu ; ne sommes-nous pas toujours la vieille Légion de Cameroun et d'Orléans et l'on ne pouvait pas attendre moins de nous.

Je suis donc fier d'avoir été à cette journée et ce sentiment ajoute un plaisir de plus à la pensée du retour.

Il me semble, en effet, que quand je vais retourner au pays, les gens, les vieux édifices muets et jusqu'aux feuilles de nos vergers vont chuchoter à mes oreilles le mot qui, il y a cent ans, a payé les grognards d'Austerlitz :

« Voilà un brave ! »

Toujours soldat et fier de l'être, je me dis votre fils affectionné et vous embrasse.

X...,

Soldat de 2ᵉ classe au 2ᵉ Etranger, Saïda.